ALESSANDRO COSTACURTA

MARCO CATTANEO

ZIO BILLY

E I SUOI AMICI

IL CALCIO E LO SCOLAPASTA

LE STORIE VERE E STRAORDINARIE DI LIONEL MESSI - WILLIAM FOULKE - ARRIGO SACCHI

ILLUSTRAZIONI DI MICHELE MONTE

SALANI EDITORE

ISBN 978-88-9381-824-7

Con la collaborazione di Book on a Tree

Per essere informato sulle novità
del Gruppo editoriale Mauri Spagnol visita:
www.illibraio.it

ADRIANO SALANI EDITORE
Da 150 anni più felici con un libro

Gruppo editoriale Mauri Spagnol
Milano

www.salani.it

ZIOBILLY

1. Camillo

Camillo pensava che ci fossero solo due cose più odiose di dover andare a cena dagli zii. Anzi, tre, si corresse, non appena vide il loro gatto ammuffito al centro esatto del divano, dove nessuno osava più sedersi.

Era appena entrato in casa loro e già la zia lo stava chiamando a gran voce.

«Sono io! Sono io!» la rassicurò Camillo, con tutto l'entusiasmo che riuscì a cavare fuori dai polmoni. La zia viveva al quinto piano di un palaz-

zo senza l'ascensore, quindi era già stanchissimo quando arrivava su, inoltre il portone non aveva l'apertura elettrica, perciò lei gli lanciava la chiave dalla finestra in un sacchettino (questa era la prima cosa odiosa).

Pensava di essere una cuoca straordinaria, per cui le cene di famiglia si facevano sempre da lei. Ma invece cucinava malissimo e nessuno aveva cuore di dirglielo (e questa era la seconda).

Nell'aria c'era odore di spezie e verdure marce. Camillo sospirò. Si chiuse la porta alle spalle con un calcione e gettò lo zaino oltre lo schienale della poltrona, mirando al gatto.

Lo mancò, ma qualcosa comunque colpì.

«Ahia!» esclamò qualcuno di molto piccolo che era seduto in poltrona.

«Oddio!» pensò subito Camillo «Ho ucciso lo zio Ettore!»

Che in effetti era molto piccolo.

Ma non era lo zio Ettore, e, soprattutto, non era morto.

Dal bracciolo della poltrona si sporse una bambinetta con i capelli e gli occhi neri e vivissimi, che ora lo guardava torva.

«E tu chi sei?» le domandò Camillo.

«Chi sei tu, semmai! Screanzato!» esclamò la bambinetta, massaggiandosi la testa, dove evidentemente era stata colpita dallo zaino.

E quello era davvero strano, pensò Camillo. Non solo perché era la prima volta che c'era un altro bambino a cena dagli zii, ma anche perché quell'altro bambino era una bambina, che per giunta diceva 'screanzato' come se nulla fosse.

« Io sono Camillo » rispose, tanto per mettere le cose in chiaro.

La bambinetta continuò a massaggiarsi la testa e ad affilare lo sguardo.

« Vuoi dire *quel* Camillo? Quello dell'asteroide? » gli domandò.

Camillo sobbalzò.

« E tu come fai a saperlo? »

« Come faccio a saperlo? Lo sanno tutti! » disse quella, con una smorfia furbetta.

« Dai, a me puoi dirlo. È successo davvero oppure no? »

« Certo che è successo davvero! » rispose subito Camillo. Spalancò le braccia. « Era enorme, grande così! »

« Ed è precipitato nella tua cameretta? »

« Ma noo! » rise Camillo.

Lei sbatté le ciglia.

«È precipitato appena fuori» spiegò Camillo. «Nel cortile. C'era la voragine, grande così, giuro. Fumava. Grande così. Che per poco non centrava la cuccia di Pelé. Pelé è il mio cane» aggiunse, poi, a bassa voce.

Lei ci pensò qualche istante.

«E che c'entra il pallone?»

«Era a forma di pallone» rispose Camillo. «L'asteroide: perfettamente a forma di pallone. Con le cuciture e tutto quanto. Una roba mai vista».

«Mmm...»

«È vero!» la incalzò Camillo, accorgendosi che lei non gli credeva più. «E infatti, da quel momento, ho cominciato a sapere tutto!»

«Tutto cosa?»

«Tutto quello che riguarda il pallone!» esclamò Camillo. «La formazione del Grande Torino, il fatto che lo zio Ettore abbia lo stesso identico naso di Anastasi... guarda il mio zaino, dispongo sempre i colori nell'astuccio con il 4-3-3!»

«E questo che c'entra?»

«C'entra perché è colpa di quell'asteroide a forma di pallone che è precipitato nel cortile di casa! Prima non ne sapevo niente, e adesso so tutto! Meglio della televisione!»

«Non ti credo» rispose la ragazzina, decisa. «Se prima non ne sapevi niente, perché il tuo cane si chiama Pelé?»

«Perché è stato il più grande giocatore di tutti i tempi!» rispose Camillo.

«Quindi lo sapevi».

«No! L'abbiamo adottato dopo!»

«E come ha fatto l'asteroide a schivare per un pelo la sua cuccia, se l'avete adottato dopo?»

«Avevamo già comprato la cuccia. Senza cane!»

«Mmmmmmm...» fece di nuovo lei, ma molto più a lungo della prima volta. E ribadì: «Non ti credo!»

Camillo, allora, balzò sulla poltrona di fianco alla sua.

«Ma è vero! È successo. L'hai detto anche tu: lo sanno tutti! Tu come l'hai saputo?»

«Dai miei genitori».

«E cosa ti hanno detto?»

« Che sei un tipo molto simpatico. E anche un grandissimo cacciaballe! »

« Hanno detto proprio così? »

E intanto pensò: 'Chissà chi sono, i suoi genitori!'

« Parola per parola » la ragazzina gli porse la mano. « Io comunque mi chiamo Benedetta ».

Se la strinsero.

« Mettimi alla prova » disse Camillo.

« Su cosa? »

« Dimmi un calciatore qualsiasi » insistette Camillo.

« Non li conosco. Il calcio è noioso, roba da maschi ».

«Non è vero per niente! E comunque ne avrai sentito almeno uno...»

«E se l'ho sentito che succede?»

«Dimmi come si chiama. E io ti racconto tutto di lui. Cose che nessuno sa. Che nessuno può sapere...» Camillo si appoggiò un dito alla fronte. «Perché me le ha comunicate direttamente l'asteroide del pallone!»

«Bum!»

Si studiarono per un altro po'.

La zia, intanto, spadellava in cucina. L'aria era sempre più viziata, e all'odore di verdura marcia di poco prima se ne era aggiunto un altro, rancido. Ma forse era solo l'odore del gatto.

«Messi» sussurrò Benedetta, piano. «È l'unico nome che conosco».

«Ma certo, la Pulce!» esclamò Camillo.

Lei lo fissò, perplessa.

«Lo sai qual era il suo più grande problema? Lo scolapasta».

Benedetta stava per esclamare di nuovo 'Bum!', ma decise di rimanere zitta.

«Lo scolapasta e sua mamma, che si chiamava Celia...» proseguì Camillo. «Immaginati la scena. Leo ha la nostra età. Leo è il nome di Messi. Ma è piccolo, molto piccolo e...»

2. La Pulce

« Come vuoi condirli, pulcino? » chiede mamma Celia. Dai forellini dello scolapasta sbucano almeno una cinquantina di spaghetti fumanti e scotti.

« Mammina, per favore: con niente! Non ho fame ».

Ha un rivolo di salsa che gli cola lungo la guancia. « Ho appena mangiato il toast farcito di tacchino, carciofi e salsa di merluzzo che mi hai preparato per merenda. Sono sazio, mamma. Non c'è più posto! »

«Ma Lionel, pulcino mio...» lo incalza la signora, che intanto ha appoggiato lo scolapasta di fianco al lavello e sta cercando nel frigorifero il barattolo di maionese.

«Ti prego, no! Gli spaghetti alla maionese, no! E poi, davvero, basta chiamarmi pulcino. Al campetto i miei amici mi urlano *pio pio*».

Quel soprannome, però, gli calzava a pennello. Lionel Andrés Messi Cuccittini era un bambino minuto, fragile, con due gambette esili che non arrivavano alla metà di quelle dei suoi coetanei.

Era davvero piccolo come un pulcino, e così i genitori, che non potevano permettersi visite costose da medici e specialisti, lo facevano semplicemente mangiare il più possibile.

Mamma aveva appeso alla porta della cucina una lavagnetta, e poi aveva programmato e stabilito il menù di tutta la settimana.

Il giorno peggiore era il giovedì, quando la signora Celia svuotava il frigorifero per cucinare il suo piatto preferito: stendeva un velo di fettine di würstel imbevuti di salsa di barbabietola sopra a un tortino di patate ai frutti di bosco, e ci infilava dentro un polpettone ripieno di insalata russa. Che poi non era proprio insalata russa, bensì insalata argentina, perché era lì che vivevano. O meglio, era un'insalata di Rosario, la loro città, uno dei posti con più appassionati di calcio del mondo.

Tanto per dirtene una, a Rosario l'insalata ha

undici piselli per lato, schierati in tre linee, 4-3-3, che fa dieci, ma il portiere non conta. A Rosario c'è anche chi sventola un fazzolettino rosso ogni volta che un pisello viene mangiato, perché viene espulso dal piatto.

Questa non so se l'hai capita, ma andiamo avanti.

Anche se mangiava sette pasti al giorno: la colazione, la merenda di metà mattina, il pranzo, la merenda del pomeriggio, l'aperitivo, la cena e lo spuntino notturno, Lionel non cresceva.

Però era felice.

Passava le giornate a giocare a pallone, e chi lo osservava sosteneva di non averne mai visti di ragazzi forti così. Era mancino come Maradona, un altro fenomeno di quelle parti. Ed è vero che i compagni lo accoglievano facendo il verso del pulcino, dato che il pallone era quasi più grande di lui, ma quel 'Pio pio' dopo un po' diventava 'Io', e dopo un altro po' diventava 'Ooo', e quell''Ooo' un 'Oooooooooooohhhhhhh' sempre più grande, perché nel frattempo Leo aveva scartato tutti e fatto gol.

Si fermavano a guardarlo dalle automobili, quando giocava per strada. A casa si preoccupavano della sua altezza. E invece lui si preoccupava soltanto di fare gol.

Comunque, quel giorno, non appena sua mamma esce in giardino lasciando Lionel davanti a quella montagna di verdura da mangiare, lui dispone i piselli in tre linee, ne sceglie uno, quello leggermente defilato sulla sinistra, sposta la sedia, si alza e lo lancia in aria, facendolo planare sul suo piede sinistro. E poi lo ritira in alto con un colpettino, di nuovo. E poi ancora.

E ancora un'altra volta.

In pratica, ci palleggia come se fosse un normale pallone da calcio.

«Pulcino, devi mangiare» lo interrompe la mamma, quando rientra.

Leo smette di palleggiare, imbarazzato.

«D'accordo, ma non chiamarmi più pulcino».

«Ma pulcin... ehm... volevo dire... ma Lionel!»

«Ho quasi dieci anni. Ormai sono qualcosa di più di un pulcino».

«D'accordo, pulcino. Cioè... volevo dire... d'accordo, certo, tesoro».

«Se sei davvero preoccupata che non cresca, portami da un dottore».

«Posso chiamarti pulce, allora?»

«Mamma!»

«Cosa?»

«La pulce è ancora più piccola di un pulcino!»

Eppure è così che lo conosciamo tutti. «La Pulce» ovvero Lionel Andrés Messi Cuccittini, uno dei giocatori più forti della storia del calcio.

«Ma dai!» esclamò Benedetta. «Ma davvero palleggiava con un pisello?»

«Certo che sì!» rispose Camillo, sicuro. «Con un pisello, un'arancia, un limone!»

«Te l'ha detto il satellite?»

«Era un asteroide, non un satellite! E comunque questo è solo l'inizio. Perché sai cosa successe, a quel punto?»

«No. Che cosa successe?»

Mentre la signora Celia girava per Rosario e dintorni, cercando un medico abbastanza bravo, a Rosario arrivavano aspiranti allenatori, finti procuratori e bizzarri dirigenti calcistici. Cercavano 'Casa Messi', nella speranza di convincere quel piccolo fuoriclasse a giocare nella propria squadra.

Finché, un giorno, a casa loro si presentò un uomo magrissimo, con un lungo cappotto scuro, che nascondeva lo sguardo sotto un cappello di lana calato fin sul naso.

«Mi ha seguito qualcuno? C'è qualche spia in casa? Avete telecamere di sorveglianza?»

«No, signore. Non c'è nessuno. Ma lei chi...?»

La mamma di Lionel non fece in tempo a terminare la domanda.

«E allora chi è quel signore coi baffi? Perché mi fissa con questa insistenza? E come mai non dice nulla?» proseguì lo sconosciuto con tono concitato, strisciando lungo la stanza con la schiena rasente ai muri, come se avesse paura di essere pugnalato.

«È un quadro, signore» rispose Lionel. «È il mio trisavolo Horeste Gutierrez Hermanito de la Casa y de la Iglesia Messi. Detto Pino».

L'uomo smise di strisciare lungo i muri.

«Pino, eh, avete detto? Pino. Mmm. Non mi convince tanto, questo Pino».

In effetti non sembrava del tutto convinto.

«E mi perdoni, signore. Lei invece chi è?» intervenne la signora Celia.

Ci fu un lunghissimo attimo di silenzio.

«Posso dirvelo solo se giurate di non rivelarlo a nessuno».

«Promesso» risposero, insieme, Lionel e Celia.

Quello strano personaggio li circumnavigò una ventina di volte, chiese loro di alzare le scarpe per controllare lo stato delle suole, li frugò con lo sguardo fino quasi a beccarsi uno schiaffone, e infine parlò, levandosi finalmente il cappello dal volto e svelando due occhi gelidi, di una vivacità rara.

«Sono Rodrigo Luciano de la Santa Esperancia y del Sol y del Mar, ma potete chiamarmi José. Lavoro per il River Plate».

«Il River Plate» mormorò Messi.

«Il River Plate» mormorò la mamma di Messi.

«Il River Plate» mormorarono tutti gli abitanti di Rosario, senza sapere bene perché.

«Il River Plate?» si domandò anche Benedetta.

«Il River Plate è la squadra più vincente e titolata della storia del calcio argentino, *el mas grande de Argentina, el campeon del ventesimo siglo*, l'orgoglio di Buenos Aires, il gioiello dello stadio Monumental, *alé oh oh, vamos vamos River Plate*!»

Per confermare il suo racconto José si sfilò il cappotto, mostrando di indossare, sotto, l'inconfondibile maglia bianca attraversata da una banda rossa. La maglia del River Plate.

Ormai Messi lo guardava a bocca aperta.

José gli tese la mano: «Vieni a giocare con noi. Vieni al River, e diventerai una leggenda».

Lionel sentì un brivido che gli attraversava la schiena e arrivava fino al suo piede sinistro. Teneva gli occhi sbarrati ma non vedeva nulla, se non quello che gli suggeriva l'immaginazione: il numero dieci del River sulla schiena, l'ingresso nello stadio El Monumental, le migliaia di persone intorno a lui che urlavano il suo nome, la palla che veniva messa al centro, l'arbitro che fischiava e...

Sbam!

Sbam?

Era la porta di casa che sbatteva. José se ne era andato, ma aveva lasciato sul tavolo della cucina un contratto da firmare.

'Per Lionel Andrés Messi Cuccittini, dal River Plate'.

La mamma rimase in silenzio per qualche secondo.

Lionel rimase in silenzio per qualche secondo.

Pure l'uomo del quadro rimase in silenzio per

qualche secondo, e sembrava il più reattivo dei tre.

Poi qualcun altro suonò il campanello.

Mamma Celia corse ad aprire, convinta che fosse quel José che aveva dimenticato qualcosa. Ma non era José.

Alla porta non c'era nessuno.

In compenso, però, c'era un uomo alla finestra, appeso a una corda tenuta sospesa nell'aria da un elicottero. Stava cercando di dire qualcosa.

«Come dice?» gli urlò il piccolo Messi, dalla cucina.

«MI APRA LA FINESTRA!» urlò l'uomo.

E così fece Lionel.

L'uomo si slacciò la fune dalla cintura e l'elicottero volò via, lontano. Poi si sentì un boato, come se qualcuno avesse sparato con un bazooka. Ma di certo doveva essere solo uno scherzo della sua fantasia.

«Mi scusi, e lei chi è?» domandò la signora Celia al nuovo arrivato.

«Vuole il succo o tutta la storia?»

«Tutta la storia» rispose la signora Celia.

«Ma no...» fece Lionel. Lui avrebbe preferito il succo.

«Sarò breve: in un piovoso giorno di ottobre del 1954 mia madre Penelope diede alla luce un bel maschietto che alla nascita pesava quattro chilogrammi tondi tondi, presentava un unico ciuffo di capelli scuri e due prodigiosi occhi verdi. Lo chiamarono Arturito e oggi è diventato un uomo bellissimo. Arturito sono io».

La signora Celia aprì il frigo, prese il succo e lo servì a tutti e tre.

«E quindi?» domandò.

«Non era mia intenzione spaventarvi, ma dovevo cercare di raggiungervi nel modo più discreto possibile»

«Con un elicottero?» domandò Lionel.

«A volte anche la grandezza sa essere discreta. Lavoro per il Barcellona, la più grande squadra di calcio della Catalogna, forse della Spagna e quindi d'Europa. Il mio presidente vorrebbe acquistare le prestazioni sportive del signor Cuccittini».

«Abbiamo appena ricevuto...» sillabò la signora Celia.

«Per farlo crescere» continuò Arturito.

La signora si interruppe.

«Il Futbol Club Barcelona è al corrente dei problemi del ragazzo, e si impegna a pagargli tutte le visite e le cure mediche necessarie, con i migliori dottori del mondo, oltre a vitto e alloggio per tutti i membri della famiglia che vorranno viaggiare con lui».

Appoggiò un plico di fogli sul tavolo della cucina, esattamente sopra al contratto del River Plate, schiacciandolo.

Forse era in Europa che si nascondevano i centimetri che gli mancavano per diventare il più forte del mondo?

« Che scorretto quell'Arturito! » esclamò Benedetta. « Io avrei firmato per il River Plate! Non mi dire che ci cascano! »

Camillo si schiarì la voce.

« Non solo ci cascarono. Ma per fortuna ci cascarono! » rispose.

Messi arrivò a Barcellona che aveva appena tredici anni, accompagnato da papà Jorge, mamma Celia e la sorella Maria Sol.

Lo portarono alla Masia, un centro sportivo leggendario, nato attorno a un'antica casa di campagna del 1700.

Quando venne costruito il Camp Nou, lo stadio del Barcellona, quella vecchia casa di pietra divenne la prima sede del club e poi il primo alloggio per i calciatori che venivano da fuori. Era tra quelle mura di pietra che era nata la filosofia del club: saper tenere la palla, giocare in attacco, veloci. La Masia era un centro sportivo, un campus e una famiglia. E quella nuova famiglia portò Messi in una stanzina di pietra, da cui si vedeva il campo verde dove si allenavano i giocatori della prima squadra.

Entrò un dottore, che disse di chiamarsi Miguel, seguito da tre uomini enormi.

« Lui è Mino » disse il dottore, indicando il primo dei tre giganti.

Mino guidava i pullman turistici, a Barcellona. Quando gli comunicarono che doveva smettere

perché era troppo alto per l'abitacolo, e i passeggeri avevano paura di quell'autista enorme ripiegato sul volante, lui ebbe un'idea: bucò il tetto del pullman, e inventò il pullman a due piani, per cui l'ente del turismo catalano gli conferì una medaglia speciale.

« Hai capito il senso della storia? » domandò il dottor Miguel a Messi.

«No» rispose Messi.

Allora il dottore gli indicò il secondo gigante e disse: «Lui è Tino».

Tino era un grande fan delle corse a cavallo, un vero e proprio FanTino. Ma quando si sedette per la prima volta su un cavallo da corsa non riuscì a staccarsi dai blocchi di partenza. Così ebbe un'idea: poiché le regole sulle corse erano abbastanza lacunose, si presentò alla successiva, a Valencia, e si caricò il cavallo sulle spalle. Corse più veloce di tutti, e vinse con tre minuti di vantaggio sul secondo.

«Ora l'hai capito, il senso?» domandò di nuovo il dottore.

« Per niente » rispose Messi, che su certe cose era un po' duro di comprendonio.

Il dottore gli indicò il terzo e ultimo gigante. « E lui è... »

« Gino! » provò a indovinare la sorella di Messi. Venne fulminata da un'occhiataccia.

« Fernando » disse il dottore.

Fernando era un agente segreto, di quelli che avevano fatto la Scuola Internazionale delle Spie, si allenò per anni a usare ogni tipo di arma e di veleno, scalare monti, guadare fiumi, spiare altre spie che a loro volta venivano controspiate, ma non riuscì mai a superare l'esame

di mimetizzazione dietro un palo. Perché era troppo grosso.

Un giorno, anziché nascondersi dietro al palo, provò a nascondersi sopra. E non andò benissimo, perché tutti lo potevano vedere.

Ma, da lì su, si accorse di un ladro che era appena entrato nell'appartamento al quarto piano. Lo fece arrestare e si diplomò a pieni voti anche se non era mai riuscito a nascondersi dietro a un palo.

«Ora ti è chiaro?» sorrise il dottore.

«Ma cosa?» domandò Messi.

«Che l'altezza non conta!» urlò il dottore, esasperato. «Prendi quella che ti sembra essere la tua debolezza, e trasformala nel tuo punto di forza! E ora fuori di qui! Vai a giocare!»

«Giusto!» esclamò Benedetta. «E lui l'ha fatto?»

«Ma certo!» rispose Camillo. «Eccome se ha giocato! Ha capito che non è l'altezza la qualità di un calciatore, ma il modo in cui calcia il pallone. È curando ogni singolo movimento che è diventato il numero uno, vincendo campionati, Champions League, Palloni d'oro, segnando centinaia di gol e facendoli segnare ai suoi compagni... e sempre con la maglia del Barcellona!»

«E sua mamma? Ha smesso di costringerlo a mangiare tutta quella roba?»

Camillo, a questo punto, annusò l'aria in casa della zia e sospirò. Era insopportabilmente satura di odori di cibo.

«Ecco le meringhe!» esclamò un'altra zia,

entrando dalla porta con una gigantesca scatola gialla di pasticceria.

«Ed ecco la torta!» esclamò un'altra.

«Oddio... di questo passo ci uccideranno di cose da mangiare...» mugolò Camillo.

«Solo se ci trovano!» rispose Benedetta. E sollevò sopra alla testa uno dei tanti cappotti che i parenti, entrando, avevano abbandonato su poltrone e divano senza nemmeno accorgersi di loro.

I due ragazzini si costruirono facilmente una specie di caldo rifugio, e ci si accoccolarono sotto.

«Lo sai cosa mi è venuto in mente, pensando alla torta?» domandò Camillo.

«Cosa?»

«Che ce ne era uno, di calciatore, che ne mangiava trenta al giorno!»

«Bum!»

«Ma è vero!» insistette Camillo, con quell'espressione che significava, invece: 'credimi, credimi, anche se non è proprio verissimo'.

Benedetta decise di cascarci. Almeno un po'.

«E chi era questo genio? Racconta!»

«Vedi che il calcio ti interessa?» sorrise Camillo.

«Non ti allargare...»

«Ben detto! Soprattutto dato che ti sto per raccontare del signor Foulke, il calciatore più laaargo di tutti i tempi!»

3. Il Panzone

Siamo in Inghilterra, un sacco di anni fa. William è il portiere del Chelsea, la squadra di Londra, e sta per battere una rimessa dal fondo con uno dei suoi impressionanti, lunghissimi rinvii, quando dagli spalti parte il solito coro: «Chi ha mangiato tutte le torte? Chi ha mangiato tutte le torte? Sei stato tu, panzone! Sei stato tu, panzone!»

E lui si ferma. La sua pancia si ferma un attimo dopo. È talmente grande da nascondergli i piedi.

'Mmmmm, torte' pensa. 'Magari le avessi mangiate davvero tutte io!'

Per fortuna ne ha lasciate un paio a casa, per il dopo partita, e questo lo mette di buon umore.

Poi il portiere guarda i tifosi del Nottingham Forest che lo stanno prendendo in giro e si sposta intorno al pallone, piano piano, come se volesse rinviarlo contro di loro.

«Chi ha mangiato tutte le torte? Sei stato tu, pan...»

Non appena si accorgono di essere nel mirino di William Foulke, il più immenso portiere che abbia mai calpestato un campo da calcio, i tifosi si zittiscono.

Uno comincia a balbettare che forse è venuta l'ora di andarsene a casa.

Un altro, senza pensarci due volte, prende i gradini e scappa, prima che sia troppo tardi.

Il coro di sfottò si ferma. William sorride, e

fa un altro giro intorno al pallone. L'arbitro fischia. E lui rinvia, con tutto il resto dello stadio che applaude.

È una lunga storia, quella di William. Da bambino era costretto a giocare a cricket con suo fratello e gli amici di lui sul prato del parchetto di Dawley, in Inghilterra, e prendersi un sacco di botte. Faceva il ricevitore, cioè quello che si piazzava dietro al battitore e doveva recuperare le palle che non venivano colpite. Non so se conosci il cricket, ma funziona così: un lanciatore tiene in mano una palla di cuoio delle dimensioni di una mela. Questo di solito era George, il cugino grosso. Davanti a lui c'era il battitore. E questo di solito era Andrew, il fratello gigante di William.

Il battitore impugna una mazza di legno con la quale deve cercare di colpire la pallina e tirarla il più lontano possibile. Lanciatore e battitore sono le due figure principali di questo sport, le più celebrate e osannate. Il ricevitore, invece, deve semplicemente – regola più, regola meno – piazzarsi in ginocchio dietro al battitore, e farsi trovare pronto se lui manca la pallina.

Non sembra una cosa difficile, ma è invece uno dei mestieri più pericolosi del mondo.

Sei in ginocchio, con la faccia all'altezza di una mazza di legno e davanti a te un colosso di un quintale lancia una pallina a mille chilometri orari. Oggi i ricevitori di cricket indossano guantoni giganti che resistono a duemila gradi, ginocchiere a trivella e un casco di titanio progettato per andare nello spazio. Ma allora... nel parchetto di Dawley... niente!

E così William si beccava un sacco di botte: legnate dal fratello e pallonate di cuoio dal cugino.

«E non poteva smettere?» esclamò Benedetta.

«Eh no!» rispose Camillo. «Perché se voleva uscire di casa, doveva giocare a cricket con suo fratello».

«Ma non è giusto!»

«Non è giusto nemmeno che la settimana dopo la nonna di William si sedette sulla poltrona e per poco non si ruppe la schiena. Perché qualcuno le aveva rubato i cuscini!»

«E chi glielʼaveva rubati?»

«William, ovviamente!»

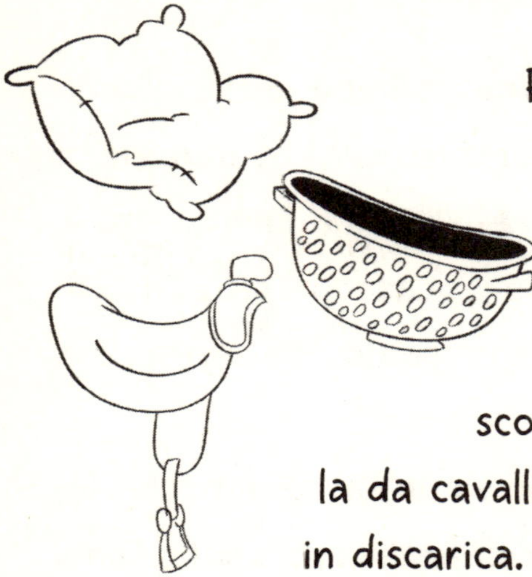

Per prima cosa si nascose il cuscino sotto alla maglietta. Poi si fece una specie di casco con i resti di una sella da cavallo, che aveva trovato in discarica. Ma l'oggetto più importante che rubò a casa fu lo scolapasta che mamma aveva fatto arrivare per posta dall'Italia, un oggetto stranissimo, di ferro, con buchi a sufficienza da poterci guardare in mezzo e seguire la traiettoria della pallina.

Funzionò. Cricket di giorno, cibo di sera, quando tornavano a casa e William mangiava per diventare grande e grosso come suo fratello e suo cugino.

E fare lui il lanciatore o il battitore. Ma non andò così. Non era il cricket il suo futuro. Era il calcio.

«Mi chiamo William Foulke e vorrei giocare nella vostra squadra. Sono un portiere» disse.

J.B. Wostinholm, il manager dello Sheffield United, scrutò poco convinto quel ragazzone alto quasi due metri che si era presentato al campo d'allenamento.

Non era certo il primo che si autocandidava a diventare il nuovo numero uno del club, da quando il portiere titolare si era infortunato e non era ancora stato sostituito. Ma quel William, a vederlo così, col doppio mento e la tripla pancia, pareva poco adatto a giocare in porta in una squadra di First Division, il massimo campionato inglese.

Sarà pesato sì e no un centinaio di chili, forse qualcosa di più. E teneva in mano uno scolapasta. 'Sarà mica uno svitato?' si domandò.

« Quello cos'è? » gli chiese il manager.

« Uno scolapasta, signore » rispose William. « Viene dall'Italia ».

« Fin lì ci arrivo. Quello che ti ho chiesto è perché ti presenti al campo d'allenamento dello Sheffield con uno scolapasta in mano ».

«È il mio portafortuna, signore» gli rispose William. «È tutta la vita che paro colpi e afferro palline. Mi dia una possibilità, mi faccia fare un allenamento con la squadra. Non le costerà nulla. La prego».

Prima giornata di campionato. È l'1 settembre 1894. Non esiste ancora la televisione e un tizio tedesco ha progettato la prima automobile. Lo speaker dello stadio di Bramall Lane, a Sheffield, annuncia i nomi degli undici giocatori che avrebbero sfidato il West Bromwich Albion, la squadra favorita.

«E... alla sua prima partita da professionista...» si ferma un attimo, poi si allontana dal microfono e bisbiglia alla moglie, seduta lì di fianco: « E già che ci siamo facciamoci pure un bel segno della croce, che non si sa mai... »

Poi riattacca: « Il mitico, grandissimo, nuovo portiere dello Sheffield United... Williaaaaaaaaaaaaaaaaaaaam Foulkeeeeeeeeeeeeeeeeeeeeeee ».

E così William entrò in campo, salutando i suoi tifosi. Era grosso, grossissimo, sigillato nella divisa striminzita del vecchio portiere del club, che ironia della sorte era stato ribattezzato 'Il Secco'. Non appena si girò verso la tribuna, per mandare un bacio a suo cugino George e a suo fratello Andrew, si udì chiaramente uno 'straaaap'. La manica destra della divisa si scollò dal resto.

Ma William non si demoralizzò, anzi: sollevò lo scolapasta che teneva in mano e terminò il saluto, poi lo posò di fianco ai pali della sua porta, si strappò del tutto la manica destra e la gettò via. Il

pubblico cominciò a ridere. Poi l'arbitro fischiò l'inizio.

Il West Bromwich Albion era una squadra molto ben organizzata, una delle favorite del campionato, e aveva un centravanti fortissimo: William Bassett. Fu proprio Bassett, dopo pochi minuti e grazie a un rimpallo fortunato, a trovarsi di fronte al nostro William.

Erano da soli, lui e il portiere, uno di fronte all'altro. E...

«Ed era valido?» lo interruppe Benedetta.

«Come?»

«Dico, era valido che quell'attaccante fosse da solo, senza gli altri giocatori?»

«Gli altri chi?»

«Ma gli altri, no? Quelli della difesa!»

«Quelli della difesa erano in campo, Benedetta».

Quel nome scandito così la irritò un po'. Non le piaceva essere trattata da testa bacata solo perché non conosceva le regole del calcio. Di certo Camillo non sapeva niente di Napoleone, degli dei dell'Olimpo e dell'*Odissea*. E non c'era nessuna ragione al mondo perché facesse il saputello parlando di pallone.

«Non fare il saputello, sai?» gli disse, infatti. «Di solito ci sono anche i difensori, invece qui no, e mi pare che ci sia proprio una regola, su questa cosa, perché non è proprio sportivo giocare senza avversari, soli contro il portiere, non è vero?»

«Giusto» disse allora Camillo, scusandosi. «Si chiama fuorigioco. E il fuorigioco è quando... insomma... l'attaccante è al di là di tutti i difensori, tranne il portiere...»

«E io cos'ho detto?» disse Benedetta. «Era fuorigioco!»

«No, non lo era. Era un'azione in cui l'attaccante era riuscito a trovarsi al di là di tutti i difensori, MA non era fuorigioco».

«Oh, che assurdità!» protestò Benedetta, mettendo il broncio. «E quindi William?»

Camillo sorrise.

«Oh, credo che William sapesse perfettamente che cosa fare...»

'E ora che faccio?' si domandò William, in porta. E decise di non fare assolutamente niente.

'E ora che faccio?' si domandò William, in attacco. Quel portiere copriva quasi tutta la porta. Tranne forse uno spiraglio a mezza altezza subito sotto la sua spalla.

Calciò. E per un istante pensò di averci visto giusto. La palla saettò verso la porta, ma proprio mentre il pallone stava per superare il portiere, William Foulke diede un colpo di addominale, fece ballare tutta la ciccia che gli ricopriva i pettorali, si tuffò e bloccò il pallone.

I tifosi dello Sheffield non credevano ai loro occhi.

Si alzarono tutti in piedi, uno dopo l'altro, compresi Andrew, che abbracciò commosso il cugino, e George. I due urlavano a squarciagola: « È mio fratello! »

E l'altro, naturalmente: « È mio cugino! »

Mentre tutti gli altri gridavano: « Foulke! Foulke! Foulke! »

Lo Sheffield vinse la partita, e al fischio finale i compagni corsero verso il loro nuovo portiere per portarlo in trionfo.

Ci provarono, senza riuscirci.

Una decina di anni dopo, nel 1905, William Foulke

aveva più di trent'anni, dichiarava di pesare ben 150 chili (ma qualcuno sospettava li avesse abbondantemente superati) e aveva una bacheca da fare invidia a mezzo mondo.

Con la maglia dello Sheffield United, che produssero appositamente della sua misura, vinse il campionato inglese nella stagione 1897/98 e per due volte la FA Cup, la prestigiosissima coppa nazionale inglese.

Alternava grandi parate a episodi che ne alimentarono il mito. Tipo quando, un pomeriggio, durante il riscaldamento che precedeva la partita casalinga con l'Aston Villa, si appese come da abitudine alla traversa della sua porta, per stirarsi la schiena. Fece avanti, indietro, avanti, indietro... e bum!

La traversa si spezzò a metà conficcandosi in due punti del prato di Bramall Lane. E si racconta ancora oggi che dove cadde William, nei pressi della linea di porta, non crebbe più erba per quindici anni.

I tifosi lo amavano anche per questo. Ma gli avversari lo trasformarono in poco tempo nel

loro bersaglio preferito. E ben presto si ritrovò appiccicato addosso un soprannome decisamente antipatico: 'Fatty', cioè 'panzone'.

'Chi ha mangiato tutte le torte? Chi ha mangiato tutte le torte? Sei stato tu, panzone! Sei stato tu, panzone!' Era il coro che faceva il giro di tutti gli stadi d'Inghilterra.

Almeno fino al 19 aprile del 1902.

Camillo smise di colpo di raccontare. Attorno alla loro capanna di cappotti c'era un certo trambusto. Gente che andava e veniva.

«Cosa successe il 19 aprile?» domandò Benedetta.

«È la fine» rispose Camillo. «Ci stanno cercando...»

Benedetta lo strattonò. «Cosa successe nella storia!»

Camillo la fissò.

«Hai mai sentito parlare del Crystal Palace?»

«Il palazzo di cristallo? Quello delle favole?»

«Quello di Londra» continuò Camillo, sempre più preoccupato.

Era la finale di FA Cup, tra Sheffield e Southampton, giocata davanti a quasi ottantamila tifosi nello stadio neutrale di Crystal Palace.

Metà dello stadio incitava William Foulke. L'altra metà lo insultava. Alf Common, dello Sheffield, fece il primo gol. Il Southampton reagì, si riversò nella metà campo dello Sheffield e collezionò una serie di calci d'angolo e di azioni pericolose. Ma in porta c'era lui, William Foulke, ed era in una di quelle giornate. Quelle in cui nessuna palla al mondo avrebbe potuto superarlo. Primo tiro, al quinto minuto: parato col piede destro.

Secondo, poco dopo: respinto di guancia.

Terzo tiro, al ventunesimo: deviato con la mano destra.

Quarto, prima dell'intervallo: bloccato di pancia.

Quinto, nel recupero del primo tempo: fermato con un colpo secco sotto al gomito. Era così evidente che segnare a Foulke sarebbe stato impossibile per chiunque, che quando all'ultimo minuto del secondo tempo il centravanti del Southampton, Harry Wood, ricevette palla in area di rigore, ma in nettissima posizione di fuorigioco, tutto quello che fece fu calciare a casaccio, verso la porta vuota.

William si era fermato, proprio perché era fuorigioco. E quindi pensava: 'È fatta! È finita! Non c'è più tempo! Abbiamo vinto!', convinto che l'arbitro avrebbe fischiato la posizione irregolare dell'avversario. Era andato a recuperare il suo scolapasta da dietro ai pali, pronto a festeggiare.

Ma invece l'arbitro, Tom Kirkham, non intervenne. O meglio: non intervenne fischiando il fuorigioco, e nemmeno la fine della partita, ma lo fece indicando il centro del campo, come si fa quando una squadra realizza un gol.

Kirkham non aveva visto il fuorigioco e aveva convalidato il gol del Southampton.

A quei tempi, quando una finale terminava in parità, si doveva giocare di nuovo la settimana successiva.

«Non prendertela, William, dai. Succede. Capita che un arbitro possa sbagliare. Gli arbitri sono uomini, e agli uomini può succedere di fare un errore ogni tanto... Dai, William, ehi, William, dove stai correndo?»

Quell'ingiustizia a William Foulke proprio non andava giù.

'Conta fino a dieci, William. Conta fino a dieci' continuava a ripetersi.

Andò a farsi la doccia prima di tutti gli altri.

'Uno, due, tre, quattro...'

Sentì arrivare i compagni. Poi gli avversari.

'Cinque, sei, sette...'

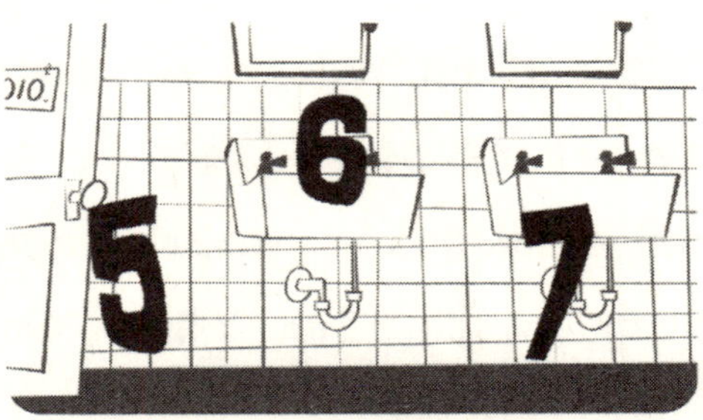

E infine Tom Kirkham. L'arbitro.

'Otto, nove...'

Qualcuno, nel corridoio, disse: « Ottima direzione, Tom. Sei stato grande, come sempre. Grazie ».

A quel punto William non sentì più l'acqua che scendeva.

« Eh? Ottima direzione? Ot-ti-ma di-re-zione? Ottima? Direzione? Chi l'ha detto, ottima direzione? »

Si fiondò fuori dalla doccia, completamente nudo, ed entrò nello spogliatoio dell'arbitro, più che mai deciso a fargli sapere cosa ne pensava lui, dell'ottima direzione!

Non è chiaro cosa successe esattamente, a Tom Kirkham. C'è chi dice che scappò via da solo, inseguito da un orco sgocciolante e nessuno lo vide mai più su un campo da calcio.

Un'altra leggenda dice che quel giorno si vide volare, fuori dallo stadio, un intero spogliatoio degli arbitri, con tanto di arbitro dentro, che fischiava disperato.

Fatto sta che l'arbitro si ritrovò in un campo di grano, a una cinquantina di chilometri dallo stadio del Crystal Palace e che impiegò una settimana a decidersi a tornare a Londra.

In tempo per sapere che il replay della finale era stato giocato, e che lo Sheffield United aveva vinto la FA Cup grazie alle formidabili parate del suo portiere, William Foulke.

Benedetta aveva ascoltato tutta la storia a bocca aperta, e poi parlò d'un fiato.

Camillo capì che stava facendo centro.

«Che ne dici?»

«Wow. Non credo a una sola parola di quello che hai detto, ma mi piace...»

«E non è finita...»

«Come sarebbe non è finita?»

«Ti ricordi come inizia questa storia? William è al Chelsea, quando i tifosi ripropongono il coro. Non allo Sheffield...»

«Già. E perché?»

Foulke passò al Chelsea, neonata squadra della First Division inglese, e ne divenne il capitano. Non fu una grande annata: il Chelsea arrivò al terzo posto, ma William riuscì comunque a stabilire una serie di primati. Innanzitutto parò dieci rigori in un unico campionato, record che ancora oggi detiene.

Poi si inventò la figura dei

raccattapalle, quei ragazzini che corrono intorno al campo a recuperare i palloni.

Era così affaticato dal farlo lui, che un giorno chiese a due ragazzini, Bill e Luke di dargli un mano. E quando l'azione era da un'altra parte, chiacchierava con loro. Infine, grazie a Foulke, venne modificata una parte del regolamento: all'epoca era infatti considerato un gol valido quello in cui il portiere, con il pallone in mano, veniva spinto dall'avversario dentro alla porta. Il primo che provò a farlo con William Foulke perse due incisivi e un molare sbattendogli addosso. Il secondo rimbalzò a centrocampo e il terzo si voltò e propose all'arbitro di modificare il regolamento.

E così, grazie al cielo, la regola per i portieri cambiò.

Alla sua ultima partita, quella in cui aveva mirato ai tifosi del Nottingham Forest, William capì che quel coro, in fondo, gli sarebbe mancato. E quando alla fine della partita fece un giro di campo per salutare i propri tifosi, anche chi lo aveva chiamato 'panzone' si fermò, si alzò in piedi, e lo applaudì.

Al giornalista che glielo chiese: «Signor Foulke, oggi che è finita la sua straordinaria carriera può finalmente dircelo: non le ha mai dato fastidio essere chiamato panzone?» lui rispose con un sorriso.

«Non mi importa come mi chiamano. L'importante è che non mi chiamino tardi per il pranzo...»

4. Billy

« Camiiillo? Benedeetta? Dove siete finiiiti? » ululò qualcuno dalla sala da pranzo.

I due ragazzi si scambiarono una lunga occhiata.

« Accidenti » disse Camillo.

« Ci hanno beccato » disse Benedetta.

Uscirono da sotto i cappotti, adocchiando la sala da pranzo, in fondo al salotto. Vedevano un angolo del tavolo e tre sedie, su una delle quali era seduto il minuscolo zio Ettore.

Lo videro picchiare il pugno così forte sul tavolo da farlo traballare e da rovesciare la caraffa di vino, che si versò sui pantaloni di un'altra zia.

«Ettoreeeeeeeeeee» urlò una delle tante zie, probabilmente zia Grazia. «I pantaloni nuovi!»

E poi tutti giù a parlare nello stesso momento.

Erano sempre così le cene di famiglia.

I due ragazzi si avviarono verso la sala da pranzo come due condannati al patibolo.

«Forse servirebbe anche a loro un pezzo del tuo asteroide...» brontolò Benedetta.

« Impossibile. C'era scritto sopra 'PERSONALE' »

« Personale? E in che lingua? E chi l'ha scritto? »

Camillo la invitò ad abbassare il tono della voce, guardò prima a destra e poi a sinistra per essere certo che nessuno sentisse, e poi le raccontò che molte cose erano segrete, e tali dovevano restare.

« Non so come spiegartelo, ma la verità è che mi basta una parola per sentire un'energia strana, come quando picchi il gomito contro l'angolo del banco e senti un formicolio, ecco, una cosa così. E mi arriva una storia di calcio».

«Una parola qualsiasi?»

«Ma certo: pasta, e ti racconto di Messi. Scolapasta, e ti racconto di William Foulke...»

«Borsetta?» buttò lì Benedetta.

Camillo fece una smorfia «Borsetta? Ma secondo te???»

Benedetta allora gli indicò il tavolo della cena dei parenti e riprovò: «Cena con i parenti».

E questa volta Camillo si fermò a metà di un passo. Sembrò davvero vibrare per un istante, chiuse gli occhi e li spalancò.

« Arrigo Sacchi » disse.

« Che cosa? »

« Arrigo Sacchi. Uno degli allenatori più rivoluzionari del calcio moderno ».

« E che c'entra con la nostra cena? »

« So cose che nessun altro sa... » bisbigliò Camillo. « Usava piatti, posate e pentole per spiegare la tattica di gioco, e girava tra i tavoli vestito da cuoco! »

«Bum!» fece Benedetta. «Questa proprio non me la bevo!»

«Ma è vero!» protestò Camillo.

«Ah, sì? E pensare che in tanti anni non l'ho mai visto vestito da cuoco!» intervenne a quel punto una voce sconosciuta.

Si girarono di scatto in quella direzione, e videro che a intervenire era stato un signore appena fuori dalla sala da pranzo, seduto in disparte sulla poltrona.

« Zio Billy!!! » esclamò Benedetta, saltandogli al collo. « Da quanto tempo sei qua? »

« Da un po' » sorrise lui. Guardò Camillo e gli fece l'occhiolino. « Bella, la storia del portiere. Devo raccontarla a Buffon, non appena lo vedo ».

Camillo si rizzò sui tacchi. Rimase a fissarlo come un baccalà. Divenne un mezzo blocco di ghiaccio. Chi era, quel tizio? Un cugino? Uno zio?

E soprattutto: perché gli sembrava di conoscerlo?

« Zio Billy! » continuò Benedetta. « Conosci Camillo? È fortissimo! Sa tutto di calcio perché un satellite a forma di asteroide è precipitato sulla cuccia del suo cane Pelé, che era il più forte del mondo, ma per fortuna il

cane non l'avevano ancora preso e gli ha trasmesso un'energia che gli fa raccontare una storia di calcio da qualsiasi parola! E pensa che prima non ne capiva niente!»

Benedetta riprese fiato.

Zio Billy gli tese la mano.

«Ciao Camillo, piacere! Interessante, questo satellite».

«Era un asteroide» borbottò Camillo.

Dove? Dove? Dove l'aveva già visto?

«E così sai tutto del calcio...»

«Non per fare il modesto, ma...»

«Mi ha raccontato la storia di Messi!» lo interruppe Benedetta. «Lo sapevi che per crescere ogni giovedì era costretto a mangiare l'insalata rosarina, con undici piselli allineati nel piatto?»

«Ogni giovedì?» domandò zio Billy a Camillo.

«Ogni giovedì» rispose Camillo, deglutendo.

Zio Billy fece una smorfia stupita, come se fosse molto colpito. Pure troppo.

«Ma dai. Non me l'aveva mai raccontato».

Nel salotto calò uno strano silenzio. Tutti guardavano Billy, ma in particolare Camillo.

«Sai, ci ho giocato contro un po' di volte, l'ho conosciuto abbastanza bene, abbiamo

chiacchierato, e... be'... mi pare strano che avendomi raccontato tante cose della sua infanzia non abbia mai fatto riferimento all'insalata rosarina, e ora che ci penso nemmeno a Rodrigo Luciano de la Santa Esperancia y del Sol y del Mar, con il contratto del River Plate...»

«Il River Plate...» mormorò Benedetta.

«Il River Plate...» mormorò Camillo.

«E nemmeno di Mino, Tino e...»

«... Fernando...» deglutì ancora più forte Camillo. «Ehm... credo che sia pronto in tavola. Ci hanno chiamato... Forse... dobbiamo...»

«C'è ancora qualche minuto...» disse Zio Billy. «E poi non mi pare che vogliate davvero correre a tavola. Sto qui io a difendervi».

Sentendo quell'ultima parola qualcosa scattò nel cervello di Camillo, come quando si trova la definizione giusta delle parole crociate. Quattordici orizzontale, dieci lettere: ex difensore italiano conosciuto col soprannome di Billy.

Alessandro Costacurta. Mitico centrale del Milan e della Nazionale italiana, vincitore di sette scudetti e cinque coppe dei campioni.

In pratica uno dei miti del calcio italiano. Elegante, educato, sempre leale. Amato dai suoi tifosi e rispettato anche dagli avversari.

Proprio lì, davanti a lui.

«Lo sai cosa mi ricordo io, di Messi?» disse Billy ai due ragazzini. «La prima volta che ci giocai contro era poco più grande di voi. Aveva appena diciassette anni. Era un'amichevole di precampionato, e io entrai a mezz'ora dalla fine. Mi sentivo come un elefante di fianco a un motorino. Mi superava a destra e a sinistra, a una velocità impressionante. Mi girai verso il mio allenatore, Carlo Ancelotti, e gli dissi: 'Mister, mi toglie? Così evito una figuraccia!'»

Billy rise.

«E invece lui mi lasciò in campo. E feci tutta la mia figuraccia. Ma questo penso che il tuo asteroide te l'abbia raccontato...»

Camillo aveva spalancato la bocca e stava lì, imbambolato.

«Camillo, ci sei?»

Benedetta gli agitò le mani davanti agli occhi, come per svegliarlo.

«Ma non vorrei interromperti...» disse zio Billy. «Stavi raccontando di Sacchi, se non sbaglio... con i piatti, le pentole e tutto il resto... continua, per piacere: cos'è che ti ha detto, il tuo asteroide?»

Camillo non sapeva cosa dire. Billy Costacurta era stato un vero calciatore. E li aveva conosciuti. Messi, Sacchi. William Foulke no, ovviamente. Ma...

«Coraggio!» lo incitò anche Benedetta. «Sembrava una bella storia!»

Camillo si infilò le mani in tasca.

«Mi ha detto che... insomma...»

E poi il colpo di genio.

«Mi ha detto di chiedere a lei. Ecco cosa mi ha detto, ora ricordo bene...»

Si rilassò quel tanto che bastava a mettersi in mezzo a loro.

«Lo ricordo perfettamente. Mi disse: 'Io sottoscritto, Asteroide Personale, ti svelerò i segreti del mondo del pallone. Ma non tutti. Se, ad esempio, vuoi sapere quelli di Arrigo Sacchi, chiedili allo zio di Benedetta, Billy Costacurta. E ti dirà tutto lui!»

«Bum» disse Benedetta.

«Davvero ti ha detto così?» sorrise zio Billy.

«Cento per cento».

«Chiaro» disse zio Billy.

«Come sarebbe a dire chiaro, zio? Guarda che Camillo racconta un sacco di frottole! Come ha fatto il satellite...»

«Asteroide».

«... a dirgli di chiedere a te, dato che fino a cinque minuti fa nemmeno ti conosceva?»

«È perché un po' credo di conoscerlo anche io quell'asteroide, Benedetta...» rispose zio Billy. «State a sentire. Andò così...»

5. Il profeta di Fusignano

« Prego, Billy. Siediti ».

Mi vennero subito in mente le interrogazioni scolastiche, quando guardavo il professore andare giù giù con il dito sul registro e proprio quando era in fondo diceva: « Costacurta Alessandro, interrogato ».

Solo che ora, di fronte, avevo il mio nuovo allenatore.

« Buongiorno, Mister » gli dissi, sedendomi davanti alla sua scrivania. Da che mondo è mondo, dai pulcini alle prime squadre, è così che si chiama il proprio allenatore.

Mister.

E basta.

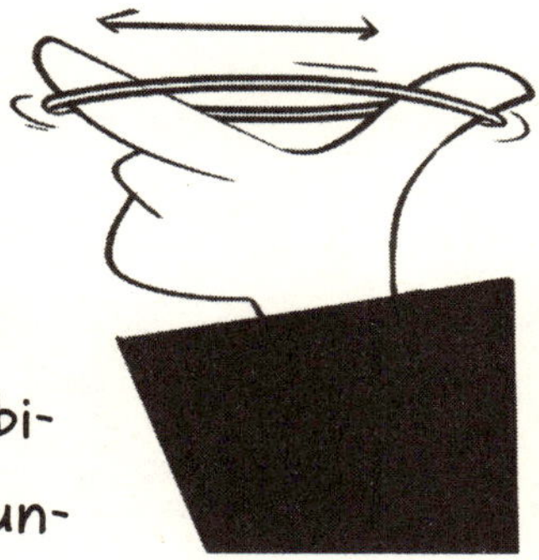

Lui mi rivolse un cenno di saluto, poi prese un elastico. Un normalissimo elastico giallo, di quelli che si usano per chiudere le confezioni di biscotti dopo colazione. Lo allungò. Poi lasciò la presa.

«Ecco, Billy, vedi? Guarda come si estende questo elastico, e poi ritorna alla sua forma originaria. Lungo, corto. Corto, lungo. Dobbiamo muoverci come lui. Se riusciremo a farlo, allora il Milan diventerà la squadra più forte del mondo».

«Mister?»

Ma non c'era spazio per le mie domande.

«E lo sai perché te lo dico, Billy? Perché sarai tu a tenderlo, con Franco, Filippo, Paolo e Mauro».

E a quel punto si alzò in piedi, con gli occhi

sbarrati dall'eccitazione, il cappellino con la visiera ancora in testa, lo sguardo che non si fermava un momento. Il suo tono di voce salì.

« Terrai tra le dita l'elastico col quale porteremo a noi lo scudetto, poi l'Europa, e poi lo allungheremo ancora, quel pezzo di gomma, e circonderemo il mondo, lo stringeremo, e tireremo a noi anche quello! »

Ok, pensai io. È matto.

Arrigo Sacchi, il mio nuovo allenatore, era un uomo piccolino, calvo, con un'accennata peluria bianca che gli circondava le tempie. Quando finii la prima giornata di allenamento con lui, a Milanello, avevo ancora il dubbio: è un genio o è un matto? Avevo ventun anni, non mi conosceva nessuno e nessuno conosceva nemmeno lui. Era l'estate del 1987. Il Milan era appena stato comprato da un uomo ricchissimo, Silvio Berlusconi, che voleva che i migliori giocatori in circolazione giocassero nella sua squadra. Li aveva comprati e fatti salire su una flotta di elicotteri che atterrò sul prato dell'Arena Civica di Milano sulle note della *Cavalcata delle Valchirie* di Wagner.

Una roba mai vista. I giornalisti sembravano impazziti.

« Presidente, chi sarà l'allenatore che porterà il Milan sul tetto del mondo? » gli avevano chiesto.

« Il miglior allenatore del mondo » aveva risposto lui.

« Il nome, presidente, il nome! »

« Il profeta di Fusignano: Arrigo Sacchi ».

« Chiiiiiiiiiiiiiiiiiiii??? »

Un inviato della tv era scoppiato in una risata fragorosa, e altri si erano dati di gomito, tutti felici.

La notizia era ghiotta: il presidente aveva speso miliardi per costruire la migliore squadra possibile, e l'aveva affidata a quello che allenava il Parma in Serie B?

Quel Parma, però, aveva fatto notare un giovane reporter, aveva eliminato proprio il Milan dalla Coppa Italia giocando un calcio spettacolare. Ma non bastava.

« Se hai ottimi ingredienti non chiami a cucinare uno che sa fare delle buone frittate, ma chiami un grande chef » era la versione che circolava.

E anche: « Quel Sacchi lì dura poco, te lo dico io. Tempo due o tre mesi e lo cacciano ».

In effetti all'inizio fu una grossa fatica. Sacchi non aveva grande scioltezza né nei movimenti, né nei rapporti personali e nel dialogo. Eppure eravamo forti, fortissimi. Io partivo dalla panchina, perché al mio posto giocava Filippo Galli, centrale di difesa insieme a Franco Baresi, con Paolo Maldini che giocava terzino sinistro. In avanti c'erano i due olandesi, Gullit e Van Basten, in mezzo Donadoni e Ancelotti.

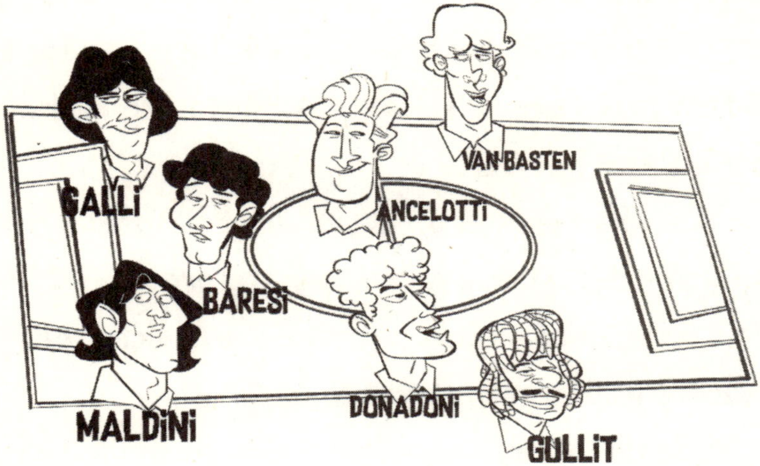

Una squadra formidabile, che però, invece che diventare l'elastico che voleva il suo allenatore, sembrava una scatola di biscotti sempre aperta, nella quale si infilavano tutti, da ogni parte.

Il 25 ottobre, sesta giornata di campionato, andammo a giocare a Verona. Ricordo bene la tensione che c'era. Avevamo vinto solo due volte, con il Pisa e l'Ascoli, perso in casa con la Fiorentina e pareggiato con il Cesena e la Sampdoria. Il presidente iniziava ad agitarsi, come tutti gli altri tifosi.

Entrai a due minuti dalla fine.

«Billy, entra. Tocca a te».

Furono le uniche parole che gli sentii pronunciare quel giorno.

Vincemmo 1 a 0, con un gol di Pietro Paolo Virdis, e Sacchi salvò la sua panchina, tenendosela poi stretta per quattro stagioni.

«È vero quello che ho letto, voglio dire, che mi ha detto l'asteroide...» domandò a quel punto Camillo, con un filo di voce. «E cioè che Sacchi fosse scarsissimo a giocare a calcio?»

«Verissimo!» rispose zio Billy. «Mai visto un allenatore con i piedi più a banana!»

«Ma figurati!» rise Benedetta. «Com'è possibile? Voglio dire: è l'allenatore! Deve saper giocare a calcio!»

«Questo è uno dei suoi grandi misteri» le rispose Billy.

«Uno dei misteri di questo Arrigo?»

«No: del calcio» mormorò Camillo. «Non c'è mai, per forza, una regola che funziona».

L'idea che mi sono fatto io è che, da bambino, non essendo molto portato con il pallone tra i piedi, Arrigo se ne restasse a bordo campo,

o magari sul muretto del cortile sotto casa, a guardare gli altri giocare.

Se ne stava lì a osservare gli amici, i nemici, i loro movimenti e le loro azioni, e se sei un po' intelligente – e lui lo era, altroché – inizi a capire molte cose che gli altri nemmeno vedono. Un po' come Einstein, che andava male in matematica, o Leonardo da Vinci, che ha inventato la cioccolata calda... ecco: lui faceva parte di quella categoria di persone. Vedeva cose che gli altri non riuscivano neanche a immaginare.

E noi, be'... noi eravamo solo dei ragazzi.

«Voi l'avete capito cosa devo fare, oggi?»

«Boh...»

«Come boh? E come si fa a fare boh?»

«Si fa e basta. Corri un po', prendi la palla, e poi... e poi... boh».

«Ah, chiarissimo. Lo proviamo in allenamento e domani lo faccio a San Siro!»

Eppure, quel boh funzionava.

Quando Sacchi voleva giocare con noi, in allenamento, sul campo calava il gelo. Lui sgambettava tra noi con un'andatura buffissima. Tipo Pinocchio.

« Ragazzi, pronti! Oggi gioco anch'io! Su, prendete i miei passaggi ».

Sembrava che dentro al pallone che calciava ci fosse un coniglio impazzito.

E noi, terrorizzati, inseguivamo la palla cercando di fare del nostro meglio. Se ciccavamo una palla impossibile, cercavamo di fargli credere che fosse colpa nostra e non che lui aveva tirato il pallone come uno sciagurato.

« Mi scusi, Mister, avevo un buco nella scarpa e non sono riuscito a fermarla ».

Un giorno arrivò in campo con un'espressione

tetra. Si vedeva lontano un miglio che non era in grande forma. Ci bisbigliò qualcosa.

« Eh? Che cosa? » gli chiese Tassotti, il nostro terzino destro.

Sacchi muoveva la bocca, ma non usciva un solo suono.

Allora Alberico Evani gli andò incontro. Da vicino sentiva un flebilissimo suono.

« Alberico... »

« Dica, Mister ».

« Ho il raffreddore. Una squadra di germi ha fatto gol alle mie corde vocali. Devo cambiare qualcosa, i miei anticorpi non ne prendono una ».

« Mister, mi spiace. Annulliamo l'allenamento? »

« Che dici, Chicco? Questo virus ha vinto solo il primo tempo, ora c'è il secondo. Su, dai, portatemi un megafono! »

Quel giorno Sacchi diede istruzioni alla squadra aiutandosi con un megafono acquistato

per l'occasione, e la cosa gli piacque talmente tanto, e lui si sentiva così comodo seduto in panchina a qualche metro di distanza, che continuò a farlo, dirigendo così ogni allenamento, convinto che urlando, aumentando il livello dei decibel, noi avremmo capito meglio le sue idee.

E invece... boh!

«Camiiiillo! Beneeedeeetta! Alessaaaandro!» chiamò la zia dalla sala da pranzo.

«Per l'appunto...» brontolarono i ragazzi.

Ma Billy non si scompose. «Le ho sentite, queste urla. Non preoccupatevi. E non perdete la concentrazione. Guardate me. Di cosa stavamo parlando?»

«Del megafono».

«E invece di cosa dovevamo parlare?»

«Della cena a tavola» si ricordò Benedetta.

Zio Billy le diede il cinque.

«Ottimo! Ora ci arriviamo: immaginatevi la cena, come questa, solo che, al posto di tutti i nostri parenti, ci sono i vostri compagni di squadra. E al posto della zia... c'è Arrigo».

Iniziava sempre dal capitano, Franco Baresi, che considerava la sua proiezione sul campo. Parlavano fitto fitto per ore, spostando piatti, bicchieri, stoviglie, tovaglioli. Sacchi partiva ogni volta così, mentre noi mangiavamo, e cominciavamo a pensare che anche Franco stesse diventando matto. Poi toccava a noi.

«Billy, fai finta di essere questo schiaccianoci. Ti piacciono le noci, Billy?»

«Sì, Mister, ma...»

«Bene, Billy. Quando ti si avvicina una noce tu la schiacci, e poi corri in avanti, proprio dove c'è Carletto. Immaginate che Carletto sia questo trinciapollo. Ti piace il pollo, Carletto?»

«Sì, Mister, ma...»

«Bene, Carletto. A quel punto hai tre soluzioni. O la allarghi a sinistra, verso il calice per i liquori, o cambi gioco verso destra, dove c'è il cavatappi».

Si fermava, con una mano sul calice e l'altra sul cavatappi, cercando lo sguardo dei suoi giocatori. Contava fino a dieci, aspettando l'intervento di qualcuno.

Ma nessuno gli faceva quella domanda.

E quindi la faceva lui.

«Qual è la terza soluzione, Mister? Questo

dovete chiedermi, ragazzi. Su, sveglia. Vi ho parlato di tre soluzioni e ve ne ho prospettate due, qual è la terza?»

Silenzio.

Boh.

Chi si sistemava il nodo della cravatta anche se non l'aveva indossata, chi lo guardava con gli occhi terrorizzati implorando pietà, chi chiedeva di poter andare a dormire, perché non ce la faceva più a parlare per ore di schemi e movimenti senza palla.

Quel giorno, il giorno del cavatappi, Gullit cominciò a correre come un pazzo intorno al tavolo, e poi uscì sui prati di Milanello, gridando «Bastaaa bastaaaaa bastaaaaaaaa» e non si fermò fino a quando non lo ritrovarono al casello di Solbiate Arno, sull'Autostrada dei Laghi, in stato confusionale.

«Bum!» fece Benedetta, a questo punto. «Ma perché dovete raccontare cose che non sono successe?»

Billy scoppiò a ridere. «Scusa! Dev'essere la

vicinanza di Camillo. Mi sono fatto un po' prendere la mano, ma è per rendere l'idea...»

«E l'hai resa. Siete tutti uguali, voi e il vostro satellite...» si imbronciò la ragazzina. «Ma soprattutto... qual è questa terza soluzione?»

«Servite in profondità Marco Van Basten che va ad aggredire lo spazio».

La maggior parte di noi fece una smorfia poco convinta. Solo Donadoni e Ancelotti fecero finta di aver capito.

«E perché dovremmo aggredire lo spazio?»

«Cosa ci ha fatto, di male, questo spazio?»

Oggi tutti sanno cosa significa, ma allora lo capivano solo il Mister e un paio di astronauti.

«Marco, devi fare così, guarda me. Immagina di essere questo sbucciamele. Ti piacciono le mele, Marco?»

«No».

Caddero tutti con la testa sul tavolo.

Arrigo Sacchi, l'allenatore rivoluzionario che stava cambiando il calcio, e Marco Van Basten, uno dei centravanti più forti di tutti i tempi, forte, elegante, ma anche fisicamente molto fragile, non si erano mai amati.

« Digli di sì, Marco » gli sussurrammo. « Digli che ti piacciono le mele, per favore, fallo per noi ».

« Mister, non mi piacciono. Né rosse, né verdi, né gialle. Non voglio essere uno sbucciamele ».

La serata prometteva di allungarsi di un altro paio di ore.

« Vedi, Billy, la mela è un frutto straordinerio ».

Straordinerio era la parola preferita da Mister Sacchi, detta proprio così, con la E al posto della A.

« Ma se non vuoi essere uno sbucciamele, d'accordo, pensa di essere un cavatappi ».

« No ».

« Un porta-stuzzicadenti ».

« Nemmeno ».

« Il sottobicchiere ».

« Non scherziamo ».

« Allora facciamo così, Marco. Tu sei questa

briciola di pane. La vedi questa briciola? Sei tu. E questa tovaglia enorme è il campo da gioco. Quello che devi fare tu è muoverti PRIMA che ti arrivi la palla. Ti muovi SENZA la palla e vai qui, dove non c'è nessuno. E Billy, il nostro schiaccianoci, butta la palla esattamente lì, dove fino a qualche istante prima non c'era nessuno, ma ora c'è questa briciolina di pane e... paff! La palla schiaccia la briciolina... ed ecco la vostra terza soluzione!»

L'idea era questa: correre PRIMA di ricevere un passaggio, e passare la palla dove non c'era ancora nessuno dei nostri. Ci sembrava pazzesca.

E lo era.

Van Basten se ne andava a dormire guardandolo in cagnesco. E noi anche. Ci infilavamo sotto le lenzuola, spegnevamo la luce e rizzavamo le antenne cercando di captare l'avvicinarsi di un rumore spaventoso.

Ciaf Ciaf Ciaf.

Le sue ciabatte.

Ciaf Ciaf Ciaf.

E quando lo sentivamo avvicinarsi speravamo che ci superasse, e passasse alla camera successiva.

Ciaf Ciaf Ciaf.

Tachicardia.

Respiro trattenuto, palpebre immobili, corpo rigidissimo. Pizzicore al naso.

E poi: «Etciuuuuuuuuuuuuu».

E lui, da fuori, entrava in camera.

«Ah, allora siete ancora svegli, straordinerio! Ciao, ragazzi, vorrei aggiornarvi sulla partita di domani, non sono convinto di avervi detto tutto. Ehi, Billy, tutto bene? Sei tu che hai starnutito? Tutto bene? Spero di sì, perché domani tocca a te e devi fare questo movimento che ora ti ricordo, e bla bla bla bla bla bla bla bla bla... E ancora immagina di essere questo cuscino, bla bla bla, e poi il tuo avversario ti circonda come un lenzuolo, bla bla bla, e infine bla bla bla. E ora vado, magari, così dormite un po' che sono già le sei di mattina e tra un'ora c'è la sveglia ».

Le sue visite notturne erano il nostro incubo. Escogitavamo qualsiasi genere di stratagemma per far sì che non ci trovasse, o pensasse che stessimo dormendo. Di solito bussava verso le undici. Tempo due settimane ed eravamo perfettamente organizzati: alle undici meno cinque spegnevamo le luci e fingevamo di russare.

« Che bravi ragazzi, straordineri. Dormono già. Dovrò anticipare le mie visite. Da domani passerò alle dieci invece che alle undici ».

E così noi, Filippo Galli e io, ci muovevamo nelle camere di Tassotti o Maldini come gli scarafaggi quando si accende la luce, da una stanza all'altra, studiando dallo spioncino i movimenti del nostro allenatore, sgattaiolando alle sue spalle, nell'ombra o in punta di piedi, per non farci scoprire.

Come la sera prima della finale della Coppa

dei Campioni, quella che giocammo a Barcellona. Era l'appuntamento più importante della nostra carriera, ma nonostante questo nessuno di noi pensava alla Steaua di Bucarest, l'altra finalista. Si pensava solo al 'Ciaf' di Sacchi.

Ciaf Ciaf Ciaf.

Eccolo che arriva!

Luce! Spioncino! Scarafaggi! Tutti nell'armadio! Vasca da bagno! Russiamo.

E così per tutta la notte.

«E come finì quella partita? Avete vinto o perso?» domandò Benedetta.

Camillo fece una smorfia.

«Di stretta misura...» borbottò.

«Cioè?» chiese ancora Benedetta.

Finì 4-0 per noi. Doppietta di Gullit e doppietta di Van Basten, in quell'occasione in totale versione briciola, o sbucciamele.

Fu una serata pazzesca: ricordo che al Camp Nou di Barcellona c'erano novantamila spettatori, quasi tutti tifosi del Milan, e altrettanti erano fuori dallo stadio, senza biglietto, pronti a fare festa. Furono emozioni troppo grandi per poterle descrivere a parole. Noi eravamo innamorati dei nostri tifosi, del loro entusiasmo, della loro passione e loro erano innamorati di noi, del nostro gioco, del nostro calcio all'avanguardia.

E la chiave di tutto era lui, il Mister. E la sua parola chiave.

«Straordinerio...» disse Camillo.

«No: aggredire» rispose Billy.

Sacchi era convinto che la chiave dei nostri successi fosse la capacità di aggredire sempre i nostri avversari, per avere noi la palla. Le ricordo ancora, le loro espressioni, quando ci vedevano inseguirli per tutto il campo, da soli, in due, in tre. Avevano paura. E il pallone scottava.

Sacchi rimase al Milan per quattro stagioni e, come gli aveva chiesto il nostro presidente, ci portò sul tetto del mondo, facendoci vincere per due anni di fila la Coppa Intercontinentale, il trofeo che decreta la squadra migliore del pianeta.

Poi, nel 1992, diventò allenatore della Nazionale italiana, che non si era clamorosamente qualificata all'Europeo, per cercare di vincere il Mondiale americano del 1994.

Ci giocammo la qualificazione proprio a San Siro, nello spareggio con il Portogallo. Ricordo che Sacchi pretese che durante il viaggio in pullman si restasse in silenzio, in un rigoroso silenzio. Era proibito parlare. Se ci serviva un fazzoletto, lo chiedevamo o con l'alfabeto muto, o coi mimi. Solo i più coraggiosi ascoltavano la musica col walkman.

Arrivammo insieme ai portoghesi. E scendemmo tutti insieme, mischiati. Italiani e portoghesi, portoghesi e italiani. Fu un contrasto evidente: noi camminavamo in silenzio, muti. Loro danzavano. E cantavano. Non sembrava Italia contro Portogallo, ma Mestizia contro Allegria.

«E come andò a finire?»

Billy si voltò verso Camillo.

«1 a 0, gol di Dino Baggio» rispose quest'ultimo.

«Ottimo asteroide».

«E quindi... i Mondiali?» domandò Benedetta.

«Ah-Ah. Nella terra della Coca-Cola».

«E... li abbiamo vinti?»

«Quasi» rispose Camillo, e poi si scusò. «Cioè... volevo dire...»

«Quasi» rispose Billy Costacurta, con un sorriso amaro.

Arrivammo nel nostro ritiro in New Jersey alle sei del pomeriggio.

« Ragazzi, ci vediamo a tavola alle otto... » iniziò Sacchi. « Ricordo, a chi non dovesse ancora saperlo, che a tavola, la sera prima della partita è proibito ridere ».

Chi non lo sapeva faticava a crederci. « Ma dai! »

« Sacchi è nato il primo aprile, sarà sicuramente uno scherzo! »

« E come si fa a non ridere! Siamo al Mondiale! »

Ma Sacchi era serissimo. In tutti i ritiri di tutte le squadre del mondo la sera prima della gara si cerca di stemperare la tensione, di divertirsi, di alleggerire un clima altrimenti troppo pesante. Con lui no.

Una volta a Lorenzo Minotti cadde il pepe a terra. Notai che gli si era piegato un angolo del labbro. Stava diventando rosso peperone. Gli occhi si bagnarono di lacrime. Non c'era dubbio: era vittima di un irrefrenabile attacco di ridarella.

Anche Donadoni, che era seduto accanto a lui, cominciò a sghignazzare, coprendosi con il tovagliolo, e questo fece scoppiare a ridere Luca Marchegiani, il portiere, che cercò di seppellirsi nell'incavo del braccio. Ma intanto anche l'altro portiere, Gianluca Pagliuca, rideva come un matto. In pratica ridevamo tutti, perché sapere di non

poter ridere produceva esattamente l'effetto opposto.

Lui non si muoveva, non diceva nulla.

Sgranava gli occhi, e questo bastava perché Pietro 'Gedeone' Carmignani, un vecchio portiere che gli faceva da collaboratore, un tracagnotto quasi quanto quel William Foulke di cui parlavate prima, si alzasse dal tavolo. Gedeone per Sacchi era tipo Spugna per Capitan Uncino.

« Ora basta! » ordinava. E continuava fino a quando non tornava il silenzio.

Quel primo giorno ai Mondiali scesi a tavola alle sette. E i miei compagni del Milan fecero altrettanto. Sapevamo dove si sarebbe seduto Sacchi e ci sedemmo apposta dalla parte opposta del tavolo.

Alle otto in punto erano rimasti liberi solo due posti, entrambi di fianco al Mister. Li occuparono Antonio Conte e Gianfranco Zola.

«Antonio, Gianfranco, vedete queste posate? Immaginate siano i due terzini dell'Eire, la nostra prima avversaria. Ecco, allora, bla bla bla bla...»

Iniziò a parlare. Secondi, minuti, ore. Conoscevo bene quella situazione.

Dopo il dessert feci segno ai miei compagni di alzarsi facendo attenzione a non strisciare le sedie, con passo felpato o gattonando sotto al tavolo, per non essere visti.

Zola e Conte ci cercavano disperatamente con lo sguardo, chiedendo soccorso.

«E poi guardate questa caraffa, fate finta che sia il portiere messicano».

Rimasero seduti al tavolo fino a mezzanotte passata.

E quando pensarono

che l'incubo fosse finito, Sacchi li gelò: « Davvero straordineria questa idea di avere i posti fissi a tavola. Siete in gamba, Antonio e Gianfranco. Sono felice di cenare con voi per i prossimi quaranta giorni ».

« Quaranta giorni? » domandò Benedetta.

« Quanto dura un Mondiale, quando arrivi in finale... » disse Camillo.

« E quindi? Siamo arrivati in finale? L'abbiamo vinto? »

Per tutta risposta, Zio Billy continuò il suo racconto.

Negli Stati Uniti eravamo in ventitré giocatori, e, ogni giorno, a fine allenamento Sacchi ci chiedeva di simulare una partita undici contro undici.

Ma non sempre c'eravamo tutti. Un giorno Sacchi disse: « Quanti siamo oggi, Gedeone? »

« Venti, Mister »

« Venti, Gedeone? Come venti? Ce ne mancano... ventidue meno venti... ce ne mancano due per fare una partitella undici contro undici ».

« Può fare una partitella dieci contro dieci, Mister. O undici contro nove. O quattro per cinque, Mister ».

Sacchi lo ascoltò distrattamente, mentre rifletteva su come risolvere il problema.

« Mi servono altri due giocatori per completare la squadra delle riserve. Trovami qualcuno, Gedeone ».

« E dove lo trovo, Mister? Vado in paese a chiedere se c'è qualche ragazzo della scuola calcio? »

« Gedeone, ci serve qualcuno subito. Tra

un minuto, anzi ci serviva cinque minuti fa!!! »

Si guardò intorno e chiamò i due uomini più vicini a lui. Il primo era Frankie Campagna, un italoamericano di famiglia calabrese, il traduttore che lo seguiva per tutta la durata del Mondiale. Un ragazzone di circa trent'anni, con la pancia irrobustita dal barbecue e una villetta nel New Jersey. A pallacanestro giocava benino. Il calcio invece lo conosceva quanto il volo delle anatre selvatiche: per niente.

« Frankie, fai il bravo, su. Gioca da terzino destro. Mi raccomando, chiama la palla in profondità quando ti trovi davanti a Maldini ».

«Eh? Maldini? The giocatori più forti del world? Unpossibile, Coach».

«Bene, Frankie. E tu, Pinco, vieni qui».

Chiamò a sé Vincenzo Pincolini, suo storico collaboratore e preparatore atletico della nazionale. «Pinco, caro, tu giochi attaccante, al posto di Massaro».

Lo marcavo io, e avrei potuto fermarlo anche bendato, saltellando sul piede sinistro e con un ferro da stiro in equilibrio sulla nuca. E infatti lo fermavo sempre.

«Pinco, sveglia!» gli urlava Arrigo. «Come fa Billy a essere pronto per la partita se non lo metti un po' in difficoltà?»

«Ma Mister, io sono un preparatore atletico. Non ho mai tirato un calcio al pallone in vita mia...»

«Su, su Pinco. Non fare il timido. Se sai correre senza palla, saprai correre anche con la palla. È la stessa cosa, solo che in un caso corri con la palla e nell'altro corri senza la palla. Fa differenza per te correre con la maglietta o a torso nudo?»

«No, ma...»

«Vedi? Perfetto: con o senza maglietta. Con o senza palla. Con o senza capelli. Non cambia nulla. Vai ora, corri! E metti in difficoltà Billy!»

Fu così che ci giocammo il mondiale. Così e grazie alle azioni di Roberto Baggio, il fuoriclasse che ci portò fino alla finale, contro il Brasile. La giocò mezzo infortunato e quando arrivammo ai calci di rigore e toccò a lui... Bam! Alto.

«Alto?» uggiolò Benedetta.

«Alto!» disse Camillo.

«Alto» ripeté Billy Costacurta.

E si alzò in piedi. «Questa è la vita. E questo è stato per me Arrigo Sacchi. Un genio, che amava fare cose da matto. Uno che dietro agli occhiali da sole aveva sempre gli occhi sbarrati, sempre a caccia di un'idea, di un'ispirazione, o di un'insidia dalla quale difendersi.

Uno che parlava per aforismi e proverbi, tipo 'La biscia si è rivoltata al ciarlatano'. Uno che paragonava una squadra di calcio a un'orchestra, dicendoci che in entrambi i casi ogni singolo elemento dev'essere perfettamente collegato agli altri,

perché il calcio, come la musica, è un esercizio corale, e nessuno può permettersi di andare fuori tempo. Fu lui a metterci a disposizione uno psicologo per preparare al meglio le partite, lui che era in grado di uccidersi con gli strozzapreti al ragù. Come, io credo, dovremo fare anche noi, signori, prima che si freddi a tavola...»

Billy fece strada in sala da pranzo, tallonato da Camillo e Benedetta. Si sedette tra zio Ettore e Gaetano, che stavano ancora discutendo del vino rovesciato.

Gli altri, chissà.

« Guarda! Ci hanno lasciato quei due posti lì! » disse allora Camillo, indicando le ultime sedie libere, una vicino all'altra. « Ti va? »

« Solo se non cominci anche tu a parlare di tattica e strategie... »

« Nemmeno se sono strategie di fuga? » buttò lì Camillo.

Si sorrisero.

E zio Billy, dall'altra parte del tavolo, fece altrettanto.

FINE

Gli autori

Marco Cattaneo è un giornalista sportivo, e da quando tre piccoli asteroidi sono precipitati nella sua vita racconta loro tante storie legate al calcio, la sua grande passione. Ha condotto programmi di calcio per bambini su Disney Channel e ora è conduttore e telecronista per Sky Sport, ma se avesse avuto due piedi migliori, un fisico migliore, una visione di gioco migliore e capacità aerobiche migliori, probabilmente oggi avrebbe vinto tante Coppe quante quelle di Billy.

Alessandro Costacurta, detto Billy, è stato uno dei più grandi difensori della storia del calcio. Nel giardino di casa sua sono precipitati innumerevoli asteroidi a forma di trofeo: 7 Scudetti, 5 Coppe dei Campioni, 2 Coppe Intercontinentali, e via dicendo. Con la maglia del Milan ha giocato quasi settecento partite e conquistato un record dopo l'altro, con quella della Nazionale italiana è stato vicecampione del mondo in USA 1994.

ANDY GRIFFITHS • TERRY DENTON

La CASA SULL'ALBERO DI 13 PIANI

UNA NUOVA SERIE PER RAGAZZI AI VERTICI DELLE CLASSIFICHE DI TUTTO IL MONDO

Sei mai salito su una casa sull'albero?
Questa poi è la più strepitosa del mondo! Ha tredici piani, una piscina panoramica, una sala da bowling, una vasca piena di squali, una biblioteca solo per i fumetti, un laboratorio segreto, una macchina che ti spara le caramelle dritto in bocca quando hai fame e migliaia di altri fantastici marchingegni.
Andy e Terry vivono proprio qui, e dentro le sue mille stanze vivono avventure incredibili, perché in una casa sull'albero di tredici piani PUÒ SUCCEDERE DAVVERO DI TUTTO!
Come, sei ancora lì? Salta su, c'è posto per tutti!

SALANI EDITORE

ANDY GRIFFITHS
e TERRY DENTON

La CASA SULL'ALBERO di* 26 PIANI

VUOI TORNARE NELLA CASA SULL'ALBERO?

Andy e Terry hanno ingrandito la loro! Adesso si sono aggiunti altri tredici piani nuovi di zecca, che includono una pista per l'autoscontro, un'arena per la lotta nel fango, una camera antigravitazionale, un laghetto per il pattinaggio sul ghiaccio (con dei veri pinguini), una gelateria con settantotto gusti e il Labirinto della Sfiga – un labirinto così complicato che nessuno ne è mai uscito… o, insomma, quasi mai…
Scoprirai che gestire una casa sull'albero così grande non è sempre semplice, ma se tratti bene Kevin il toro meccanico, stai attento ai pirati e soprattutto se non lavi le mutande nella vasca degli squali, filerà tutto liscio e ti divertirai un mondo!

SALANI EDITORE

Giuseppe Festa

INCONTRI RAVVICINATI DEL TERZO TOPO

Ciao! Mi chiamo Terr, e vivo tra le radici del Vecchio Melo. Sono il topolino più basso e piccolo della comunità, ma anche il più curioso, e da grande voglio fare l'esploratore. Gli altri topi mi prendono in giro perché sono diverso, ma quando abbiamo trovato un'enorme stele aliena col simbolo di una mela, ho dimostrato tutto il mio coraggio. Sono riuscito a stabilire un contatto con degli strani alieni bipedi e senza peli, e sono stato il primo topo al mondo a comunicare con loro grazie a un 'linguaggio universale' fatto di tante piccole immagini (tra cui addirittura una cacca con gli occhi!). Alla fine avrò una storia grandiosa da raccontare ai miei amici – sempre che gli alieni non mi rapiscano, ovviamente…

Giuseppe Festa, il grande cantore degli animali, torna a colpire con un libro divertentissimo pieno di equivoci, risate e avventura, che è anche un inedito spunto di riflessione sulla diversità e sull'integrazione.

SALANI EDITORE

Fotocomposizione Editype S.r.l.
Agrate Brianza (MB)

Finito di stampare
nel mese di maggio 2019
per conto della Adriano Salani Editore s.u.r.l.
da Grafica Veneta S.p.A. di Trebaseleghe (PD)
Printed in Italy